D1983338

hänssler

PETER HAHNE

Wer hätte das gedacht!

CIP-Titelaufnahme der Deutschen Bibliothek

Hahne, Peter:
Wer hätte das gedacht! : Begegnungen / Peter Hahne. –
2. Aufl. – Neuhausen-Stuttgart: Hänssler, 1990
(TELOS-Bücher; 586: TELOS-Taschenbuch)
ISBN 3-7751-1529-3
NE: GT

2. Auflage 50.000
TELOS-Taschenbuch 586
Bestell-Nr. 70.586
© Copyright 1990 by Hänssler-Verlag, Neuhausen-Stuttgart
Umschlaggestaltung: Wolfram Heidenreich
Printed in West-Germany

Inhalt

Schreck im Studio

Beim Jahreswechsel 1978/79 ist es passiert. Etwas, das sich kein Rundfunkmann wünscht. Etwas, das im Ohr bleibt. Das man nie vergißt. Mein Auto steht bereits bepackt auf dem Parkplatz vor dem Funkhaus. Direkt nach der Sendung - der Silvesterausgabe unseres »Mittagsjournals« - soll es losgehen. Skiurlaub. Die Freizeit steht mir schon vor Augen: Weißer Schnee, blauer Himmel, herrliche Pisten...

Kurz vor Sendebeginn werde ich ins Aufnahmestudio gerufen. Ein Telefoninterview muß aufgezeichnet werden. Das kommt schon mal vor. Wegen internationaler Zeitverschiebung oder aus technischen Gründen. Man sendet den Beitrag dann aus der »Konserve«, ohne daß es den Hörern auffällt. Diesmal ist unser ARD-Korrespondent in Warschau an der Strippe. Thema: Der Staatsbesuch des damaligen US-Präsidenten Jimmy Carter in Polen.

Ich beginne unser Gespräch. Aber ehrlich: Meine Gedanken sind weit mehr im bevorstehenden Urlaub. »Meine Damen und Herren, zur Jahreswende besucht der amerikanische Präsident Polen. Heute nimmt er seine Gespräche mit der Regierung auf, wobei es schwerpunktmäßig...«. Ich verhaspele mich, komme ins Stottern. »So ein Mist,« rutscht es mir raus, »wir schneiden das und fangen nochmal von vorn an.« Und jetzt klappt alles reibungslos.

Noch wenige Minuten bis zur Sendung. Ich gehe ins Studio. Die Technikerin wird das Band sicherlich ordnungsgemäß schneiden. »Cutten« sagen wir in der Fachsprache. Sie wird den Fehler schon herausschneiden. Auf unsere Technik ist Verlaß.

Die Sendung beginnt. Musik, Ansagen, Verkehrshinweise, Werbung... Da, plötzlich - aus dem Lautsprecher - ich erstarre - mir läuft es eiskalt den Rücken herunter: »So ein Mist. Wir schneiden das...«. Das Band ist nicht gecuttet. Die Technikerin hat das Schneiden vergessen. Der Fehler ist noch drin. Millionen hören das jetzt. Und man kann nichts mehr machen. Man kann nichts mehr ändern, nichts mehr zurückholen. Es ist zu spät. Ein Fehler, über den wir im Funkhaus herzlich gelacht haben. Immer wieder wurde mir das »aufs Brot geschmiert«, die Panne am Jahreswechsel.

Als ich im Auto sitze und dem Urlaub entgegenfahre, fällt es mir wie Schuppen von den Augen. Was im Funkhaus Spaß war, das ist im Leben einmal bitterer Ernst. Ernst wird es nämlich, wenn es um mein »Lebenstonband« geht. Wenn alles das, was wir in den Jahren unseres Daseins »aufgezeichnet« haben, vor Gott »gesendet« wird.

Für jeden kommt der Tag der Bilanz. Am Ende unseres Lebens stehen wir vor dem lebendigen Gott. Dann hat er das letzte Wort, obwohl wir ihn in unserem Leben oft nicht zu Wort kommen ließen. Jeder muß Rechenschaft ablegen. Gott spielt mit offenen Karten: »Ich sage euch aber, daß die Menschen Rechenschaft ablegen müssen am Tage des Gerichts« (Matthäus 12,36). Das ist der Tag der Bilanz, die dann nicht mehr zu frisieren ist.

Dann wird alles offenbar, was ich heute noch vertusche. Dann ist es zu spät. Es ist nichts mehr rückgängig zu machen. Das wird für viele ein böses Erwachen, wenn unsere »Lebenstonbänder« vor Gott abgespielt werden. Wenn die Fehler kommen, und keiner war da, der sie geschnitten hat. Die Fehler sind drin. Und der lebendige Gott hört das. Und man kann nichts mehr machen. Fehler, über die man dann nicht mehr lachen kann...

Es gibt aber eine Stelle in dieser Welt, wo man defekte »Lebenstonbänder« abliefern und erneuern kann. Es gibt einen Platz, wo man seinen ganzen Mist ablegen kann: Golgatha. Da starb Jesus Christus, um die Tonbänder meines Lebens nicht nur zu schneiden, sondern völlig neu zu machen. Da wird meine Vergangenheit ganz und gar gelöscht. Ich darf von vorn anfangen.

Das ist keine Garantie für ein fehlerfreies Leben. Aber es ist die Garantie, ohne belastendes Material durch Gottes Gericht zu kommen. Das Urteil wird »Freispruch« lauten, weil das Blut Jesu Christi rein macht von aller Sünde (1. Johannes 1,7). Aus dieser Gewißheit darf man heute schon leben! Jesus Christus spricht: »Wer mein Wort hört und glaubt dem, der mich gesandt hat, der hat das ewige Leben und kommt nicht in das Gericht, sondern er ist vom Tode zum Leben hindurchgedrungen« (Johannes 5,24).

»So ein Mist, ich fang noch mal von vorn an...«. Wer diesen Entschluß faßt, der darf mit Jesus in die Freude starten. Denn Vergebung macht froh. Nicht nur Urlaub von der Vergangenheit, sondern Abschied. Und Beginn einer neuen, großartigen Zukunft: Ewiges Leben!

Stop! Lebensgefahr!

Ein sonniger Sommertag. Die Studiofenster im Funkhaus sind weit geöffnet. Auch die Hörer bekommen etwas vom Vogelgezwitscher mit. Die Sendung läuft so dahin. Keine besonderen Ereignisse. Die Nachrichtenlage ist ruhig, wie man so schön sagt. Da allerdings wird die Studiotür aufgerissen. »Das müssen wir sofort melden! Unterbrich mal das Programm!« Der Kollege reicht mir ein Telex, das soeben aus dem Fernschreiber getickert ist. Ein Notruf des ADAC.

Der Inhalt fordert Eile. Die Musik wird unterbrochen. Ich verlese die Meldung: »Herr Müller, unterwegs mit einem grünen Audi von Stuttgart in Richtung Frankfurt. Halten Sie sofort an. Die Werkstatt hat beim Radwechsel die Schrauben nicht richtig angezogen. Es besteht Lebensgefahr!« Als die Nachricht raus ist, gehen wir wieder an die Redaktionsarbeit. Solche Notrufe sind nichts Außergewöhnliches. Und doch keine Routine.

Mich läßt der Gedanke nicht los: Lebt der Fahrer überhaupt noch? Hat er sein Radio eingeschaltet? Hat er zugehört? Und wenn ja: Kann er überhaupt noch rechtzeitig richtig reagieren? Fragen über Fragen. Aber es geht ja schließlich um Leben oder Tod!

»Hoffentlich hat er es gehört«, muß ich denken, ja beten. Wenn Herr Müller die Meldung hörte, gab's für ihn nur eins: Fuß vom Gas, rechts ran, anhalten und zur nächsten Notrufsäule, um Hilfe zu holen.

Und er hat gehört! Ein paar Tage später bekomme ich einen Brief. Eine der wenigen Reaktionen auf solche Meldungen. »Herzlichen Dank! Sie haben mir das Leben gerettet. Mein Lebtag werde ich das nicht vergessen. Gut, daß ich auf Empfang war. Daß ich die Meldung rechtzeitig hörte und noch rechtzeitig reagieren konnte. Gott sei Dank...«.

Es ist mir wie ein Gleichnis. Was ist denn, wenn *Gott* zu uns redet? Wie reagieren wir, wenn Gott uns zuruft: »Stop! Lebensgefahr! Du bist auf dem falschen Weg. Dein Fahrtziel ist der Abgrund. Halt an und kehr um! Hör auf mich. Dein Leben kann neu werden.« Gott sieht unsere Situation. Er sieht, wie wir unser Leben kaputtmachen. Wie Schuld uns von ihm und unseren Mitmenschen trennt. Wie uns der »Frust« überfällt und wir resignieren.

Gott sieht, wie wir auf dem falschen Weg sind. Wir suchen das Glück und stecken uns dauernd falsche Ziele. Dort angekommen, stellen wir ernüchtert fest: Das hat's wieder nicht gebracht. So machen wir uns weiter auf die Suche. Unser Leben lang.

Wir brauchen ein lohnendes Ziel und einen sicheren Weg. Wir brauchen ein Leben, das sich zu leben lohnt. Diese Sehnsucht sieht Gott. Und er läßt uns nicht einfach weiterfahren. Er sieht nicht tatenlos zu. Er unterbricht das Programm unseres Lebens. Mitten in unsere Lebensfahrt sendet er seinen Ruf: »Stop! Halt an! Kehr um zu mir. Ich will dich neu machen. Ich will dir ein neues Ziel geben. Und auf dem Weg dahin will ich dich begleiten.«

Wer könnte da noch zögern? Wer könnte da einfach weiterfahren? Natürlich, ich kann mich ärgern, daß Gott mein Lebensprogramm unterbricht. Ich kann die Schuld auf andere schieben. Aber keine Konsequenzen ziehen heißt letztlich: Tod.

Für Herrn Müller, den Autofahrer mit defektem PKW, gab es nur eine logische Reaktion: Der Warnung folgen und anhalten. Alles andere hätte für ihn den Tod bedeutet. Leben gibt es nur, wenn ich die Warnung Gottes höre. Und mit der Warnung ist immer das Angebot verbunden: »Ich lebe, und ihr sollt auch leben« (Johannes 14,19).

Deshalb: Halt an! Denk nach über die Ziele und Wege deines Lebens. Und vertrau dich Jesus Christus im Gebet an: »Herr, ich habe deinen Ruf gehört. Ich danke dir, daß du dich um mich kümmerst; daß du mich nicht in die falsche Richtung fahren läßt. Ich gebe dir mein Leben und bitte dich: mach du es neu. Vergib mir meine Schuld und gib mir ewiges Leben. Und nun danke ich dir, daß du mich auf meiner Lebensfahrt begleitest.«

Plötzlich und unerwartet

Steckt man als Journalist eigentlich alles so weg? Gibt es nichts, was einem unter die Haut geht? Wird alles zur Routine? Täglich Mord und Totschlag, Kriege und Katastrophen. Getreu dem Motto: Eine positive Nachricht ist keine Nachricht. Muß man da nicht eine Elefantenhaut haben? Nun, es gibt Ereignisse, die ich nie vergessen werde. Die mir vor Augen stehen, als seien sie heute passiert. Gegen die jede Berufsroutine machtlos ist.

Es ist April. Kühles Frühjahrswetter. Aber in Nordrhein-Westfalen läuft die heiße Phase des Wahlkampfs. Am 11. Mai soll ein neuer Landtag für Düsseldorf gewählt werden. Nach den Umfragen liegen die beiden großen Parteien Kopf an Kopf. Ein spannendes Rennen. Die beiden Spitzenkandidaten - Rau und Köppler - legen ihre ganze Kraft in die Endphase des Wahlkampfs.

Da fällt plötzlich einer aus. Herzinfarkt. Nach totaler Überanstrengung wird jetzt absolute Ruhe angeordnet für Heinrich Köppler, den Kandidaten der CDU. Am Wahlkampf kann er sich nur noch per Interview aus dem Krankenhaus beteiligen.

Ich sitze am Schreibtisch in der Redaktion. Ich blättere die Tageszeitungen durch und bleibe an einer Titelzeile hängen: »Exklusiv: Heinrich Köppler aus dem Krankenhaus.« Mit Interesse beginne ich zu lesen. Köppler, so heißt es, fühle sich wieder einigermaßen fit. Bei einem Wahlsieg der CDU wolle er Ministerpräsident werden. Ob er das denn gesundheitlich schaffe? Doch, er sei in einigen Wochen wieder voll belastbar.

Aufmerksam lese ich, was Köppler dem Zeitungskollegen am Krankenbett alles gesagt hat. Seine Planungen für den nächsten Lebensabschnitt. Da reißt mein Mitarbeiter die Tür auf. In der Hand hält er ein Fernschreiben, das soeben gekommen ist. Eine Eilmeldung der Deutschen Presseagentur. »Du, geh sofort ins Studio. Wir müssen die Musik unterbrechen. Gib schnell die Nachricht bekannt!«

Ich lese und erstarre. Da teilt dpa mit: »Heinrich Köppler soeben gestorben. Der CDU-Spitzenkandidat erlag in einer Düsseldorfer Klinik den Folgen seines Herzinfarktes. Der Wahlkampf in Nordrhein-Westfalen ist auf Anordnung der Landesregierung abgebrochen worden...«.

Ich bin tief erschüttert. Da lese ich von den guten Absichten eines beliebten Politikers, den selbst die Gegner hoch achteten. Da lese ich aus seinem Munde, was er noch alles vorhat. Die Planungen für das weitere Leben. Und mitten hinein kommt die Meldung: tot. Unfaßbar!

Wenige Wochen zuvor ein ähnliches Ereignis. Der damalige Ministerpräsident des Saarlandes, Franz Josef Röder, gibt bekannt, er werde im kommenden Monat sein Amt abgeben. Er würde damit als dienstältester deutscher Ministerpräsident die politische Bühne verlassen. Kurz vor seinem 70. Geburtstag will er sich ins Privatleben zurückziehen.

Am Abend der Rücktrittsankündigung gibt er uns ein Interview. Locker und leicht, als wäre er von einer schweren Last befreit, plaudert er ins Mikrofon. »Jetzt habe ich endlich Zeit für meine Familie. Ich kann nachholen, wozu ich wegen der Amtsbelastung nie kam. Mit meiner Frau will ich jetzt erstmal verreisen...«.

Genau am nächsten Morgen, exakt 8.07 Uhr, ich weiß es noch wie heute: Ich moderiere unser Frühmagazin. Die Staatskanzlei ruft an. Eine tränenerstickte Stimme am anderen Ende: »Herr Hahne, etwas ganz Schreckliches... Der Ministerpräsident ist tot.« »Welcher?« rutscht es mir heraus. Und dann höre ich die erschütternde Nachricht: Röder sei soeben einem Herzversagen erlegen. Noch während des Frühstücks mit seiner Frau. Einfach so auf dem Stuhl zusammengeknickt. Tot - und er hatte noch so viel für die Zukunft geplant...

In Bonn brennt der Streit um die Nachrüstung. Eine Sitzung jagt die andere. Ich stehe vor der Tür des Auswärtigen Ausschusses. Hier fallen die Würfel, ob es nicht doch eine Annäherung zwischen Regierung und Opposition gibt. Ich warte mit dem Mikrofon in der Hand. Zur verabredeten Zeit öffnet sich die Tür. Mein Gesprächspartner ist da: Alois Mertes, Staatsminister im Auswärtigen Amt.

Blaß und kurzatmig kommt er mir vor. Ganz anders, als ich ihn kenne. Sein Gang zurück in den Sitzungssaal scheint schleppend... Ich fahre im Auto wieder nach Saarbrücken. Im Radio beginnen die Mittagsnachrichten: »Die Verhandlungen des Auswärtigen Ausschusses wurden durch einen tragischen Zwischenfall überschattet. Staatsminister Alois Mertes brach zusammen. Er starb auf dem Weg ins Krankenhaus...«. Ich fahre rechts ran und halte. Tränen treten mir in die Augen. Das Interview auf Tonband im Kofferraum; der Gesprächspartner bereits tot auf der Intensivstation.

Drei prominente Beispiele. Drei erschütternde Schicksale. Tagtäglich passiert das gleiche in unserem Land, in unserer Umgebung, vielleicht gar in der eigenen Familie. Man plant seine Zukunft. Man will die Tage seines Lebens sinnvoll nutzen. Man hat noch so viel vor und der Tod scheint so weit weg. Und dann tritt Gott auf den Plan und macht unserem Planen ein jähes Ende.

Habe ich den Tod in mein Leben einkalkuliert? Sonst wird die Bilanz einmal nicht aufgehen! Weiß ich, wohin die Reise geht und wer mich dort erwartet? Als größtes Psalmwort nannte der ehemalige Bundespräsident Karl Carstens einmal dieses: »Herr, lehre uns bedenken, daß wir sterben müssen, auf daß wir klug werden« (Psalm 90,12).

Da steht eben nicht »... auf daß wir Angst bekommen; einen Schrecken kriegen.« Gott droht uns nicht mit dem Tod. Er weist uns vielmehr auf die unabwendbare Realität des Sterbens hin und auf die Konsequenzen, die es daraus zu ziehen gilt. Und die sind zusammengefaßt in diesem einen Wort: Klug werden.

Und das Klügste, was wir machen können, ist, unser Leben auf Ewigkeit zu programmieren. Wer Jesus hat, der hat das ewige Leben!

Der Kaputtmacher

»Mama, Mama, komm schnell! Der Mann da macht unsere Treppe ganz kaputt.« Der kleine Sohn meines Nachbarn ist ganz aufgeregt. Ein Handwerker ist dabei, die außen gelegene Kellertreppe zu reparieren. Der alte, morsche Betonbelag wird abgeklopft. Es bedarf Preßluft- und Körperkraft. Eine Schutthalde bleibt übrig.

Die Mutter versucht nun zu erklären. Ich muß schmunzeln. Ganz einfach ist es nicht, einem Kleinkind begreiflich zu machen, daß hier nichts kaputtgemacht wird, sondern daß nach der Zerstörung etwas schönes Neues kommt. In der Tat: Das kann der Kleine nicht begreifen. Damit es eine wetterfeste, gut gekachelte Treppe gibt, soll jetzt alles zerschlagen werden? Mehrmals höre ich noch seine helle Stimme durchs offene Fenster: »Mama, guck mal ganz schnell! Jetzt ist alles kaputt...«.

Vielleicht wird es dem kleinen Mann klar, wenn er in den nächsten Tagen das neu entstandene Meisterwerk sieht. Vielleicht begreift dann auch ein Vierjähriger, warum erst alles »kaputtgemacht« werden mußte. Im Nachhinein wird wohl die Zerstörung zugunsten des Neuen verständlich.

Gleichnishaft für tiefe biblische Wahrheiten ist diese kleine Begebenheit draußen im Hof. Leben gibt es nur durch den Tod hindurch. Mit Selbstverleugnung beginnt der Weg der Nachfolge. Wenn das Weizenkorn nicht in die Erde fällt und stirbt, bringt es auch keine Frucht. Der niederrheinische Liederdichter Gerhard Tersteegen, ein wohlhabender Kaufmannssohn, singt:

»Verlaßt die Kreatur,
und was euch sonst will binden;
laßt gar euch selbst dahinten,
es geht durchs Sterben nur.«

Gott zerschlägt uns im Leben vieles, um uns anschließend unerwartet Größeres zu schenken. Wünsche bleiben unerfüllt, Pläne platzen. Und immer wieder ist es Gott, der uns mit Neuem überrascht. Gott schenkt erfülltes Leben trotz unerfüllter Wünsche.

Kaputtmacher ist der Teufel. Gott ist der Neuschöpfer. Aber es geht immer erst durch den Zerbruch. Oft im Leben; erst recht am Ende der Zeiten.

Von Robbenbabys und Menschenkindern

Moderation im Hörfunk. Heute bin ich mit der Frühsendung dran. Viel Musik, Nachrichten, Meldungen und einige Themen. Ein Thema heute: Tierschutz. Die Reportage meiner Kollegin ist anrührend. Mit bewegten Worten schildert sie das brutale Abschlachten der Robbenbabys im Nordatlantik. Einige Sätze habe ich noch im Ohr: »Aaah, aaah, rufen uns die kleinen weißen Wollknäuel entgegen. Wie Babys, die nach ihrer Mutter schreien. Mir geht es durch den Kopf: Wird auch diese kleine Robbe vielleicht morgen schon von Menschenhand erschlagen...«.

Was wir hören, geht unter die Haut. Mich erschüttert aber noch etwas ganz anderes. Ob ich es meinen Hörern offen sagen soll? Nach der Reportage und vor dem nächsten Musiktitel gehe ich ans Mikrofon. Ich muß einfach diese Sätze noch loswerden, die mich bewegen: »Meine Damen und Herren, wir alle sind erschüttert über das, was wir da eben gehört haben. Tierschutz geht uns alle an. Aber das Abschlachten der Robbenbabys ist nur *eine* Meldung von heute. Es gibt auch die, daß auch heute wieder Hunderte von Kindern abgetrieben oder mißhandelt wurden...«.

Da habe ich wohl in ein Wespennest gestochen! Die Telefone im Sender stehen nicht mehr still. Ein Sturm der Entrüstung bricht über mich herein. Hatte ich etwa den Tierschutz verunglimpft? Nein, vielleicht eher eine unbequeme Wahrheit zur Sprache gebracht. Ich denke zurück an ein Bonner Briefing. Ein Hintergrundgespräch mit Bundeskanzler Kohl für ein paar Journalisten. Der Kanzler berichtet von der Papierflut, die ihn täglich erreicht.

»Von hundert Briefen pro Tag beschäftigen sich 25 mit Tierschutz und nur zwei bis drei mit dem Schutz des ungeborenen Lebens und der Kinder.« Es ist doch schrecklich, wie in unserem Volk das innere Ja zur Tötung ungeborenen Lebens wächst. Gleichzeitig gibt man Millionen zur Schaffung von Krötenwanderwegen, zur Rettung von Robben oder zur Humanisierung der Legehennen-Haltung aus. Da stimmt doch wohl etwas nicht!

Sollte uns ein Kind weniger wert sein als ein Tier? Robbenbabys gegen Menschenkinder? Ein Kind, das ja von der Zeugung an mit allem ausgestattet ist, was das Menschsein ausmacht. Und das vor allem von Gott geschaffen und gewollt ist.

Ein führender Jurist sagte vor einiger Zeit: »Nach heutiger Lage genießt das Legehuhn mehr Rechtsschutz als das ungeborene Kind.« Im Erbrecht kommt das ungeborene Leben bereits vor. Aber Lebensrecht hat es nicht!

Wer das ungeborene Leben zur Wegwerfware degradiert, der kommt in die Gefahr, die Ehrfurcht vor dem Leben überhaupt zu verlieren. Es ist doch abscheulich, wie in unserer wohligen Wohlstandsgesellschaft mit alten Menschen umgegangen wird! Wenn sogar ein deutsches Gericht beschließt, ein Altenpflegeheim gehöre nicht in ein Wohngebiet. Da sollten bei uns die Glocken läuten...

Müßten nicht gerade wir Deutschen es sein, die sich um das Existenzrecht jedes Lebens kümmern? Oder soll uns die Tatsache eines Tages einholen, daß der, der aus der Geschichte nichts gelernt hat, dazu verdammt ist, sie noch einmal zu wiederholen?

Wenn's im Radio funkt

Interview mal andersrum. Diesmal bin ich das »Opfer«. Ich sitze im Studio eines privaten Rundfunksenders. Nach vier Jahren »Abstinenz« endlich wieder einmal am Moderationstisch. Der Hörfunk hat eine eigenartige Faszination. Viel unmittelbarer als das Fernsehen. Man ist gezwungen, sich klarer, präziser und plastischer auszudrücken, weil ja das Bild fehlt. Zudem kann man unbefangener und ungezwungener plaudern, weil man nicht darauf achten muß, ob der Kopf im Schatten, die Hände in den Taschen oder der Krawattenknoten schief ist...

Eine nette Kollegin moderiert eine flotte Unterhaltungssendung. Ich habe für zwei Stunden zugesagt. Als ich komme, höre ich gerade noch die Ansage: »Gast im Studio ist heute ein Mann von ZDF und Zeltmission.« Überall schießen jetzt die Regionalsender wie Pilze aus dem Boden. Eine Chance für Christen, die örtlichen Veranstaltungen publik zu machen. So sehe ich den heutigen Morgen als gute Gelegenheit, für die Zeltmission zu werben.

»Also, ich muß Ihnen erst einmal erzählen, wie ich auf Sie aufmerksam wurde,« sagt die Kollegin, während ein Musiktitel läuft. »Das war ganz komisch. Mein Chefredakteur hatte mich zu einem Parteitag geschickt, um darüber zu berichten. Thema: Christliche Maßstäbe im politischen Alltag.

Wegen eines Autobahnstaus kam ich zu spät. Ich setzte mich auf einen freien Platz und fragte meinen Nachbarn, einen jüngeren Delegierten, was denn bisher gelaufen sei. ›Sie haben nichts verpaßt‹, antwortete er, griff in seine Jackentasche, holte ein Taschenbuch heraus und gab es mir mit den Worten: ›Wenn Sie das gelesen haben, wissen Sie alles, was zum Thema zu sagen ist.‹ Es war Ihr Buch »Suchet der Stadt Bestes«*...

Und jetzt vor kurzem las ich, daß Sie im Zelt sprechen. Da wollte ich Sie einfach einmal kennenlernen und Sie nach Ihrem Christsein befragen.«

Und das tat sie dann. Gezielt, direkt, ohne Schnörkel und Facetten. Zwischen Rock und Pop, zwischen Tina Turner und Peter Maffay. »Ich habe mir gestern abend im Zelt Ihren Vortrag angehört. Und ich habe mich gefragt: Warum redet der denn so, obwohl er kein Pastor ist? Warum sind Sie eigentlich Christ?«

Es gibt viele Gründe, warum Jesus Christus mich überzeugt hat. Einer wird mir immer deutlicher: daß das, was unsere Gesellschaft heute lebt, grundsätzlich nicht stimmen kann. Daß wir in einem tödlichen Teufelskreis stekken: Wir suchen das Leben und verlieren es dann. Wir wollen etwas aus unserem Leben machen und zerstören es dabei.

Kurzum, da wacht man nach dem Herzinfarkt in der Intensivstation auf und sagt sich: »Ich habe mein Leben doch nicht bewußt kaputtgemacht. Ich wollte doch das Beste daraus machen. Nichts verpassen, immer dabei sein. Voller Terminkalender, das Wochenende mit Arbeit gefüllt. Streß, Hektik, ohne Pause. Ich will doch am Ende nicht mit leeren Händen dastehen...« Und genau dabei hat man sein Leben zerstört. Man wollte es gewinnen und hat alles verloren.

Ich muß doch das Leben da suchen, wo es zu finden ist. Ich brauche die richtige Adresse, um auch wirklich anzukommen. Und diese Adresse heißt: Jesus Christus. Er schenkt ein Leben, das sich lohnt. Er sagt ja selbst von

* Peter Hahne, Suchet der Stadt Bestes, Hänssler-Verlag, Neuhausen-Stuttgart

sich: Ich bin das Leben (Johannes 14,6). Wer sich auf ihn verläßt, der ist nie verlassen. Wer auf Jesus setzt, hat sein Leben auf Sieg programmiert. Durch Freude und Leid, durch Glück und Enttäuschungen, durch Höhen und Tiefen wird man am Ende sagen können: Dieses Leben hat sich gelohnt. Es war nicht umsonst.

Nach dem nächsten Musiktitel hakt die Kollegin nochmal nach. Ich merke: Es ist ein sehr persönliches Gespräch geworden. Die vielen Radiohörer sind längst Nebensache. Die junge Moderatorin stellt *ihre* Fragen. Aber vielleicht ist das ja gerade der richtige Weg, um die Hörer anzusprechen.

Ich erinnere an eine Fernsehtalkshow zum zehnten Todestag der Schauspielerin Romy Schneider 1988. Millionen rund um den Erdball haben ihre Filme gesehen. Viele haben ihr tragisches Schicksal verfolgt. In der Fernsehrunde war ich sehr überrascht, als ausgerechnet der Chefredakteur einer bewußt linken Illustrierten sagt: »Romy Schneider hat das Leben genossen - aber sie hatte dauernd Angst, das Leben zu verpassen. Sie ist an gebrochenem Herzen gestorben.«

Besser kann man gar nicht ausdrücken, was ich meine. Der Mensch ohne Gott wird sich abrackern, um das Leben zu gewinnen. Und er wird es doch verpassen. Gott aber schenkt uns die Gewißheit, ans Ziel zu kommen. Und aus Gewißheit wächst Gelassenheit. Die Lebensangst weicht, wo Ewigkeitsfreude aufstrahlt. Das erst macht frei, sein Leben zu genießen und es für andere einzusetzen.

»Aber das ist doch die berühmte fromme Flucht vor den Problemen der Welt«, wendet die Moderatorin ein. Ja, das ist eben das unausrottbare Vorurteil. In Wahrheit ist das Gegenteil richtig. Wer von der Welt nichts erwartet, kann ihr alles geben. Wem der Himmel gewiß ist, dem kann die Erde nicht gleichgültig sein. Ich werde Kraft für andere einsetzen können, wo ich sie nicht für mich selber sinnlos verzehren muß.

Die Musiktitel werden immer weniger, das Gespräch immer länger. Welch eine Möglichkeit, das Evangelium in den Medien weiterzusagen. Wir müssen sie nur nutzen. Abends sehe ich die Kollegin im Zelt. »Ich habe meinen Verlobten mitgebracht. Der hat die Radiosendung gehört.« Als sie mir nach Wochen einen sehr persönlichen Brief schreibt, weiß ich, daß es bei ihr »gefunkt« hat. Jesus Christus hat viele Wege zum einen Ziel. Und sei es der Umweg über Parteitag, Zeltmission und Studio.

Unter dem Regenbogen

Wohnungssuche. Genau 14 Immobilien-Maklern habe ich meinen Wohnungswunsch mitgeteilt. Aber schon den Anzeigen in der Zeitung kann ich unschwer entnehmen: Der Mainzer Markt ist eng. Das Angebot im Rhein-Main-Gebiet ist ausgeschöpft.

Fünf Objekte aber sind es doch, die ich mir ansehen kann. Es ist zum Verzweifeln: Die eine Wohnung ist zu laut; die andere zu dunkel; die dritte läßt mich aus allen Fenstern direkt in die des Nachbarhauses schauen... Zur fünften möchte ich schon gar nicht mehr fahren. Ich muß eben Geduld haben und noch ein paar Wochen warten.

Aber der Makler läßt nicht locker. Also lasse ich mich zum Objekt Nummer fünf schleifen. Richtung Gonsenheim, der fernsehbekannten Karnevalshochburg. »Meine« Straße ist eher eine Wohnungshochburg. Hochhaus reiht sich an Hochhaus. Keine zehn Pferde kriegen mich in einen solchen Kasten...

Aber schon das Hausinnere überrascht mich. Alles ist sehr sauber und ordentlich. Wir fahren mit dem Aufzug in die oberste Etage. Als der Makler die Tür aufschließt, bin ich »hin und weg«. Lichtdurchflutet, große Fenster, die Mainzer Dächer zu Füßen. Das klare Sonnenwetter erlaubt einen phantastischen Blick bis Darmstadt, Wiesbaden, Taunus, Feldberg... Ja, sogar das Rüdesheimer Niederwalddenkmal ist um die Ecke zu sehen. Ein großartiges Panorama.

Ich merke auf den ersten Blick: Diese Wohnung ist es! Genau die richtige Größe, Lage und Miete. Alles scheint zu stimmen. Sogar die Teppichböden und Wandanstriche gleichen haargenau meinem Saarbrücker Haus. Selbst die

Bücherregale im Arbeitszimmer werden wie maßgeschneidert passen.

Meine Träume werden jäh unterbrochen: »Wissen Sie, wir müssen erst noch mit dem Vermieter verhandeln. Der ist sehr zurückhaltend und wählerisch. Zu viele Reinfälle mit anderen Mietern lassen ihn vorsichtig sein. Deshalb steht die Wohnung auch schon ein paar Monate leer.«

Der Makler holt mich wieder auf den Boden der Realitäten. Es ist, als versetze mir jemand einen Schlag. Ich war mir meiner Sache doch so sicher. Im Geiste sehe ich ja bereits meine Möbel drin.

»Sie müssen nochmal wiederkommen. Der Besitzer muß Sie erstmal kennenlernen, und der wohnt 50 Kilometer weit weg. Das läßt sich heute nicht mehr machen.« Wie soll ich das schaffen? Ich wollte doch heute alles über die Bühne bringen. Also doch nichts mit dieser Wohnung?

Da raschelt es an der Tür. Ein Schlüssel dreht sich im Schloß. Vor uns steht die Eigentümerin. Das darf doch wohl nicht wahr sein! Glück? Zufall? »Herr, ich danke dir. Jetzt schenke doch einen Vertragsabschluß«, ist mein Stoßgebet. Das ist kein Zufall; das sollte so sein.

Schnell werden wir uns einig. Meine Mainzer Adresse ist geboren. Ich bin überglücklich. Als wir das Haus verlassen wollen, verfinstert sich der sonnig-blaue Himmel. Ein Wolkenbruch. Über ganz Mainz spannt sich ein bunter Regenbogen. Ein zweiter kommt sogar hinzu. Wie eine schützende Glocke, unter der die Stadt ruht. Staunend stehen wir am Fenster.

Der Regenbogen. Das Zeichen der Treue Gottes. Ganz persönlich nehme ich diese himmlische Botschaft. Wie an den vielen Lebensstationen vorher, so bleibt Gott auch in Mainz derselbe. Sein Bund der Treue gilt, wo immer seine Kinder sind. Mich hat er an diesem Nachmittag mit einer idealen Wohnung beschenkt. Und mit der sichtbaren

Gewißheit, daß sein Schutz und Schirm auch hier über mir ausgebreitet sind.

Auf der Autofahrt drücke ich auf den Kassettenrecorder. Manfred Siebald, mein Mainzer Mitbürger, singt das bekannte Lied aus der DDR: »Vertrau auf den Herrn für immer, denn er ist der ewige Fels...« Wer ihm vertraut, wird nie enttäuscht. Das habe ich heute erlebt.

Über den Wolken

Flug PA 4530 von Hamburg nach Berlin. Zwei ehemalige Kollegen sind an Bord. Sie arbeiten jetzt im Norden, während ich nach Mainz gewechselt habe. Reiseziel ist die Berliner Funkausstellung. Einer der beiden Passagiere, mein Freund Franz, ist gerade Vater geworden. Einen Namen hat er schon für seinen Sohn, aber Paten und Tauftermin sind noch offen.

An Bord der PAN AM-Maschine ist es voll und eng. Während der Funkausstellung sind alle Flüge nach Berlin ausgelastet. Franz ist zwischen zwei beleibten Passagieren eingezwängt. Er steht auf, geht in den Mittelgang und fragt die Stewardeß nach einem anderen Platz. Die Maschine sei völlig ausgebucht, bekommt er zur Antwort. Aber ein einziger Platz sei freigeblieben.

Mit seiner neuen Nachbarin kommt Franz schnell ins Gespräch. Sie unterhalten sich über »Gott und die Welt«. Und das im wahrsten Sinne des Wortes. Sie sei die Frau eines Pfarrers ganz in der Nähe von Kiel. Franz erzählt von Frau und Sohn, von der neuen Arbeit und der alten Rundfunkstelle in Saarbrücken.

»Dann kennen Sie doch bestimmt Peter Hahne. Mein Mann und ich sind nämlich mit ihm befreundet.« Die Mitreisende stellt sich als Elisabeth Motschmann vor. »Das gibt's doch nicht. Mit Peter Hahne habe ich jahrelang im gleichen Büro gesessen und gemeinsame Sendungen gemacht. Und Ihren Namen kenne ich auch, wir haben Ihren Mann so manches Mal interviewt.« Welch eine Begegnung über den Wolken! Zufall?

»Wie heißt denn Ihr Junge?« fragt Frau Motschmann, als Franz über die geplante Taufe und die fehlenden Paten berichtet. »Jens-Peter« ist die Antwort. »Na prima! Mein Mann heißt Jens und der andere Namensteil ist von Peter Hahne. Also wird mein Mann den Taufgottesdienst halten und Peter wird Pate...«. So planen die beiden im Flugzeug die Taufe. Sie haben sich gerade kennengelernt. Und doch ist sofort Vertrauen da. Es ist eben die gleiche Wellenlänge. Und das kann doch wohl kein Zufall sein.

An einem schönen vierten Adventssonntag versammeln wir uns zum Taufgottesdienst. Wir sind ganz bewegt, als Pastor Jens Motschmann (heute Pfarrer an St. Martini in Bremen) die »zufälligen« Begegnungen auflistet, die zu diesem Tag geführt haben. Gottes Spuren im Leben jedes einzelnen.

In diesem einen Fall habe ich das Patenamt übernommen. So lausche ich umso aufmerksamer, als Pastor Motschmann im Blick auf die Paten sagt: »Mehr denn je warten unsere Kinder auf Menschen, die ihnen Mut machen, sich als Christen zu bekennen. Darum ist das schöne Amt, das Sie übernehmen, auch das Amt der Fürbitte... Taufe ist ein neuer, froher Anfang mit Gott. Helfen Sie mit, daß aus diesem guten Anfang ein fröhlicher und gesegneter Weg für Ihr Patenkind wird.« Ja, es stimmt: »Gott gibt dem Täufling einen gedeckten Scheck, den es einmal persönlich einzulösen gilt. Das Ja Gottes zu uns erwartet einmal eine klare Antwort.«

Es wird ein schöner, harmonischer Tag im Kreise von Freunden. Wer hätte das gedacht, als der Flug PA 4530 von Hamburg nach Berlin startete?!

Tagebuch der Trauer

»Ich hätte am liebsten mein eigenes Leben weggeworfen. So sinnlos erschien mir alles.« Wir sitzen uns in der ZDF-Kantine gegenüber. Das Mittagessen wird zur Nebensache. Heinz-Ulrich Carl erzählt mir vom schwersten Schlag seines Lebens: Der tragische Tod seines Sohnes Andreas. Ein Stück Offenheit von Kollege zu Kollege in einer Welt, die Ohnmacht hinter der Maske gespielter Stärke verbirgt.

Was ich höre, ist erschütternd. Es beginnt mit einer gnadenlosen, unbarmherzigen Unfallmeldung. Carl erzählt: »Es läutet an unserer Haustür. Ich öffne. Zwei Polizeibeamte in Uniform stehen draußen. Sie fragen, ob sie hereinkommen dürfen. Sie bringen die Nachricht, Andreas habe einen Unfall gehabt und liege auf der Intensivstation des Paulinenstifts. Ich erfahre Einzelheiten des Unfallhergangs. Einer der Polizisten sagt: Sie kommen am besten sofort in die Klinik. Es steht sehr schlecht um ihren Sohn...«

Die Ärztin berichtet, Andreas habe sehr starke Schwellungen im Gehirn erlitten. Eine Operation sei jetzt unmöglich. Er werde künstlich beatmet. Die Situation sei »prekär«. Wir betreten die Station. Das Summen von Apparaten liegt in der Luft. Da liegt unser Junge. Überall kriechen Schläuche an seinem Körper entlang. Seine Augen sind mit Mull bedeckt. Seine Brust hebt und senkt sich. Er lebt. Lebt er?

Heinz-Ulrich Carl berichtet: »Der Tag ist unheimlich leer. Er ist, weil er im Kalender steht. Sonst ist er nichts. Nur Stunden, die irgendwie vergehen. Ich schaue kurz in der ZDF-Redaktion vorbei. Aber es ist, als wäre ich gar nicht da...«

Es ist erschütternd, was der bekannte Fernseh- und Theatermann erzählt: »Ja, Andreas war ein Sonnenschein gewesen. Jetzt liegt er vor uns im Sarg verborgen. Das ganze Ensemble unseres Wiesbadener Theaters ist versammelt. Keine großen Worte. Viele weinen. Er war einer von ihnen. Jeder hatte ihn gern. Gedanken ergreifen uns: Wie hat der Bub diese letzten Sekunden des Übergangs vom Leben zum Tod, dieses Sterben erlebt?«

Was mein Kollege mir da am Mittagstisch berichtet, bewegt mich tief. Entsetzlich, wenn der junge Sohn vor der eigenen Haustür überrollt wird. Plötzlich und unerwartet. Es folgen Monate ohnmächtiger Verzweiflung, dumpfer Depressionen und quälender Trauerarbeit. Aber es endet tröstlich.

Ganz und gar kein »happy end«, jedoch mutmachende Zuversicht: Das mühevolle Akzeptieren des Unabänderlichen. »Der Tod von Andreas hat uns zu Gott gebracht, von wo wir Trost und Kraft bekamen...«. Da redet einer, der mitten in der schillernden Medienwelt durch einen grausamen Schicksalsschlag zum überzeugten Christen wird. Ein Mittagessen, das ich nie vergessen werde.

Als ich höre, daß die Carls über Monate hinweg Tagebuch geführt haben, ist meine spontane Reaktion: Das muß veröffentlicht werden. Nicht zur heldenhaften Selbstdarstellung, sondern zur Hilfe für viele Betroffene. Jetzt liegt das Buch vor.* Es ist das ungewöhnlichste zu diesem Thema. Nichts Bekanntes, nichts aus der frommen Schublade, keine Rezepttheologie. Da schreibt eine Familie, deren Welt die Bühne ist. Schauspiel, Unterhaltung, Theater - damit haben sich die Carls im ZDF und überall im Land einen Namen gemacht.

* Heinz-Ulrich Carl, Plötzlich und unerwartet... Erinnerungen an Andreas, der viel zu früh von uns ging, Hänssler-Verlag, Neuhausen-Stuttgart.

Ein Tagebuch der Trauer, das ungeschönt und ungeschminkt den Weg der Familie Carl aufzeichnet - vom Aufbegehren gegen Gott bis zur Geborgenheit in Gott. Von Unglauben und Ohnmacht ist die Rede, von Depression und Selbstmordgedanken. Das alles geschrieben auf dem Weg zum Glauben. Ein Ziel, zu dem Gott viele Wege hat.

Zwei Jahre nach dem Tod seines Sohnes kann Heinz-Ulrich Carl in sein Tagebuch schreiben: »Ich nehme keine Tabletten mehr. Es ist Schluß mit der Reise ins Traumland. Ein anderer Schritt wird für uns wichtig. Im Gespräch mit anderen Christen kamen wir überein, wir würden einen Hauskreis halten. Man braucht die Hilfe Gleichgesinnter. Und die Bibel. Und das Studium der Bibel. Wir wollen jetzt anfangen, täglich darin zu lesen. Jetzt verstehe ich allmählich, was meine Mutter mit ihrer »stillen Stunde« immer meint. Und dafür habe ich sie einmal ausgelacht!«

Der Bruder, Michael Carl, Nachwuchstalent der Fernsehunterhaltung, schreibt ins Familientagebuch: »Was hat sich verändert? Was habe ich aus dem, was geschehen ist, gelernt? Bin ich ein anderer Mensch geworden? Ich habe gelernt, daß der Tod nicht zur Abwendung vom Leben führen darf.«

Die Mutter berichtet. »Ich lasse mich fallen und falle in die offenen Arme Jesu. Nächste Bibelstunde - Gott sei Dank. Wir lassen alle anderen Termine platzen. Wieder werden wir eingebettet in die Ruhe, in den Frieden, in die Zuversicht, die uns durch das Wort der Bibel vermittelt wird. Wir fangen an, uns auf Weihnachten zu freuen - auf den siebenten Heiligen Abend ohne Andreas. Wir freuen uns in der Gewißheit tiefster Geborgenheit durch unseren Glauben an Jesus Christus.«

Sieben Jahre sind vergangen. Was Heinz-Ulrich Carl von seiner Wende zu Christus erzählt, kann einen nicht kalt lassen. Ich bin selbst ganz aufgewühlt. Welch einen wunderbaren Herrn haben wir doch! »Unser Schiff hat heute klaren Kurs. Tägliches Bibelstudium, Beten, das Evangelium weitergeben. Ich habe das Leben mit Jesus entdecken dürfen. Ohne Glauben, ohne Beten geht nichts mehr. Sie gehören zu unserem Alltag. Es gibt heutzutage keine Wunder mehr, haben wir früher oft gesagt. Es gibt sie doch. Sie kommen, wenn man eisern daran festhält: Ich glaube an Jesus, an die Auferstehung und das ewige Leben. Und an die Vergebung der Sünden.«

Ein Zeugnis von Format. Da wird eine Familie, die selbst Trost braucht, anderen zur Hilfe, zum Trost. Ein Wegweiser zum Tröster: Jesus Christus. Eine Mahnung an uns Lebende: »Herr, lehre uns bedenken, daß wir sterben müssen, auf daß wir klug werden« (Psalm 90,12).

Seltsame Sichtweise?

Urlaub! Stahlblauer Himmel, weißer Sandstrand, glasklares Wasser, wogende Wellen. Sonnige Sommertage am Meer. Willkommene Zeit zum Ausspannen. Am Strand ist mir schon seit Tagen eine junge Familie aufgefallen. Das Ehepaar hat einen Jungen. Täglich wird er, obwohl im schulpflichtigen Alter, im Kinderwagen an den Strand geschoben. Wo andere Gleichaltrige fröhlich in Sand und Wellen herumtollen, muß er sich ungelenk abquälen. Stets benötigt er die Hilfe seiner Eltern.

Wir kommen ins Gespräch. Die Eheleute sind bekennende Christen. Sie sind in der Freizeit- und Jugendarbeit stark engagiert... Ihr Haus ist offen für Gruppen und Kreise. Mancher Gestrauchelte ist bei ihnen wieder auf die Füße gekommen. Keine Arbeit ist ihnen zuviel, wenn es um den Dienst für Jesus Christus geht.

Nur ihr sehnlichster Wunsch scheint nicht in Erfüllung zu gehen: ein Kind. Sie flehen zu Gott. Erst nach sieben Ehejahren meldet sich Nachwuchs an. Welch eine Freude! Alle in der Gemeinde hoffen, beten und bangen. Denn es scheint eine schwere Geburt zu werden. Als das Kind zur Welt kommt, ein Junge, steht fest: Er ist spastisch gelähmt. Das einzige Kind, Jahre hindurch ersehnt, von Gott erfleht, von einer gläubigen Mutter geboren - ein Leben lang körperlich behindert.

Als wir uns nach einigen Urlaubstagen besser kennen, wage ich die Frage: »Ihr seid Christen. Ihr habt alles an Zeit, Kraft und Geld für Gott investiert. Und nun ist das einzige Kind, das ihr bekommen könnt, ausgerechnet behindert. Habt ihr euch da nicht gefragt, warum Gott das so zugelassen hat? Warum gerade ihr dieses Leid erfahren müßt? Es gibt Familien, die bewußt ohne Gott leben und eine Reihe kerngesunder Kinder haben. Und ihr... Verzweifelt man da nicht an seinem Glauben?«

Heute noch habe ich die Antwort der Mutter im Ohr. Sie hat mich tief bewegt. »Weißt du, wir haben anfangs viel geweint. Wir haben an Gott gezweifelt. Unser fröhlicher Glaubensmut war dahin. Aber dann haben wir in der Therapie, im Krankenhaus, im Kindergarten und jetzt in der Schule andere Eltern mit ihren behinderten Kindern gesehen. Wir haben erlebt, wie sie abgeschoben werden; wie gesunde Geschwister ihnen vorgezogen werden; wie sie für ihre Eltern eine Last sind, die sie am liebsten abschütteln würden. Ja, im Blick auf die Abtreibungsdiskussion hören wir, wie leichtfertig man oft mit diesen unerwünschten Kindern umgeht.

Als wir das alles sahen, sagten wir uns: Wir danken Gott, daß dieser Junge in unsere Familie geboren wurde. Daß wir ihn lieben können und nicht abschieben. Daß er uns willkommen ist und unsere ganze Fürsorge hat. Wir danken Gott, daß er uns diese Last aufgeladen hat. Denn er gibt uns auch die Kraft, sie zu tragen. Was andere nur als lästige Mühsal empfinden, dürfen wir im Glauben akzeptieren.«

Eine seltsame Sichtweise? Nein! Den jungen Eltern wurde dieser Blickwechsel geschenkt: Daß sie als Christen ja über eine Kraftquelle verfügen, die Lasten tragen hilft. Daß kein blindes Schicksal ihnen ein krankes Kind bescherte, sondern daß Gott ihnen bewußt diesen Jungen anvertraut hat. Nicht zum Leid, sondern zur Freude.

Hier, mitten im Urlaub im sonnigen Süden, begegnete mir erstmals diese völlig andere Sicht des Leides. Wie Christen durch diesen Blickwechsel Leid nicht nur als Last, sondern geradezu als Geschenk empfinden können. Eine neue Sichtweise: Leid, als anvertrautes Gut. Für diese Eltern war klar: »Wir wünschen unserem behinderten Jungen keine andere Familie als die unsrige.«

Das habe ich gelernt: Christen haben keine Leidverhinderungsversicherung abgeschlossen. Für sie gibt es keine besondere Unrechts- und Unfallversicherung. Christlicher Glaube ist keine Gefühlsreligion. Es geht nicht nach dem Motto: Alle Tage Sonnenschein. Christen widerfährt vieles, was anderen vielleicht erspart bleibt. Denn der Schritt zu Jesus heißt ja, sein Kreuz auf sich zu nehmen.

Gott macht uns nichts vor. Die Bibel ist kein Zauberbuch mit der werbewirksamen Versprechung: Komm zu Jesus, und alles wird gut! Wer vom Schritt zum Glauben Leidensfreiheit erwartet, der wird enttäuscht werden. Christen sind in der Sprache der Bibel »selig«. Und ihnen wird verheißen: »Selig sind, die da Leid tragen; denn sie sollen getröstet werden« (Matthäus 5,4). Und Trost im Sinne der Bibel heißt: Gegenwart Gottes im Leid.

Wir dürfen wissen: Dieser Jesus vergißt uns nicht. Er ist gerade dann bei uns, wenn die Not am größten ist. Er ist da, um zu trösten. Jesus nimmt unser Leid vielleicht nicht weg, aber er kommt auf jeden Fall hinein. Er hält bei uns aus und läßt uns nicht im Stich.*

Ich werde die Sommerferien von damals nie vergessen. Ich habe mich gut erholt; ich habe viel gelernt. Gelernt, wie man mit dem Leid seines Lebens durch den Blickwechsel zu Gott fertig werden kann. »Gott legt uns eine Last auf; aber er hilft uns auch« (Psalm 68,20).

* zum Thema »Leid« ausführlich: Peter Hahne, LEID - Warum läßt Gott das zu? Hänssler-Verlag, Neuhausen-Stuttgart.

Menschen mit Profil

Vor mir liegt ein Brief. Absender ist Karsten. Ein junger Mann, den ich als einsatzfreudigen, verbindlichen Mitarbeiter seiner Gemeinde gut kenne. Ein junger Mann, der treu seine Jungschar leitet, in der Sonntagsschule mithilft und auch am Arbeitsplatz ein Zeuge seines Herrn Jesus Christus ist. Ein junger Mann, der nur ein Hauptanliegen hat: Frucht zu bringen für das Reich Gottes.

Vier lange Seiten hat Karsten mir geschrieben. Sie klingen mutlos, traurig und resigniert. Die Probleme in der Familie werden immer größer; die Firma hat Pleite gemacht und er seinen Arbeitsplatz verloren; auch in der Gemeinde scheint es nur noch Schwierigkeiten zu geben.

Der letzte Absatz seines Briefes läßt mich jedoch wieder aufhorchen und aufatmen. Karsten schreibt von seinem Besuch bei einem alten, erfahrenen Seelsorger. Ihm hat er die ganze Not anvertraut. Und der habe ihm geantwortet: »Du bist wertvoll. Du bist mit dem teuersten Blut erkauft. Du bist wertvoll wie ein Diamant. Aber Diamanten müssen geschliffen werden...«.

Karsten will auch von mir Rat. Aber er weiß gar nicht, wie sehr er mir selbst hilft. Lange muß ich über das Zitat nachdenken. Es stimmt: Gott arbeitet an uns. Er schickt uns auch in die Schule von Leid und Niederlagen. Aber nicht, um uns sadistisch zu quälen. Gott will uns enger an sich binden; will uns von eigenen Wegen wegbringen; will aus uns profilierte Menschen machen. Gott will uns reifen lassen, damit wir Frucht für ihn bringen.

Der Mensch ist Gottes Ebenbild. Also das wertvollste Geschöpf der ganzen Kreatur. Damit hat Gott uns zu Persönlichkeiten gemacht. Er will, daß aus unserem Leben etwas wird. So wertvoll achtet er uns. Jesus Christus, das Leben in Person, verheißt uns: »Ich lebe, und ihr sollt auch leben« (Johannes 14,19). Und das Leben Jesu – das erfüllteste, was je auf diesem Erdball gelebt wurde – war ein Leben, an dem Gott sichtbar gearbeitet hat. Bis hin zum qualvollen Tod am Kreuz auf Golgatha. Dieser Weg tiefster Einschnitte hat Jesus Christus für uns zum Heiland, zum Retter und Erlöser werden lassen.

Mit seiner Antwort an Karsten hat der Seelsorger völlig recht. Der Vergleich mit dem Diamanten stimmt. Roh, aus dem Erdreich gebrochen, ist er ein unscheinbares Mineral. Erst durch Schleifen und Polieren wird aus ihm ein funkelnder Edelstein. Es muß hart an ihm gearbeitet werden, um ihm seinen echten Wert zu geben.

Genauso arbeitet Gott an uns. Er will etwas aus uns machen: Profilierte Persönlichkeiten. Nehmen wir einen Autoreifen. Glatt und eben ist seine Wirkung nutzlos, ja tödlich. Lebensrettend ist der Reifen erst, wenn das Profil gut ist. Je tiefer das Profil, desto größer die Bodenhaftung. Und Profil heißt bei einem Autoreifen ja nichts anderes als tiefe Einschnitte ins Material. Die tiefen Kerben in das Reifengummi sind keine Materialzerstörung. Sie geben ihm erst den richtigen Wert.

Der Werbespruch einer großen Reifenfirma lautet: »Ein Millimeter Profil ist zuwenig. Todsicher!« Es ist wahr: Viele schwere Verkehrsunfälle auf regennasser Straße passieren deshalb, weil die Reifen zuwenig Profil haben. Weil die Bodenhaftung fehlt, kommt man ins Schleudern.

Wer ein Leben mit Profil haben will, der muß sich die Einschnitte Gottes gefallen lassen. Das kann weh tun. Das wollen wir nicht. Dagegen sperren wir uns. Kann es nicht sein, daß wir gerade deshalb so wenig Bodenhaftung im Glauben haben? Daß wir uns dauernd hin- und herwerfen lassen von Zeitgeist und Modemeinung? Daß wir dauernd straucheln und im Glauben stolpern? Ich habe es jedenfalls oft genug selber erlebt: Wo kein Profil ist, besteht Schleudergefahr.

Deshalb gilt es, neues Profil zu gewinnen. Lassen wir uns die Einschnitte Gottes in unser Leben gefallen! Sie dienen der Profilierung. Menschen mit Profil, das sind Menschen, die Spuren hinterlassen. Spuren für die Ewigkeit. Und zu denen will ich gehören.

107 Jahre – und sehr weise

»Alles in Ordnung«, sagt mein Kameramann, »wir können loslegen...«. Die Kamera ist aufgebaut, das Licht installiert, die Mikrofone aufgestellt. Die kleine Wohnstube im Altenheim hat sich zum Fernsehstudio gewandelt. Was fehlt, ist die Hauptperson. Da öffnet sich die Tür. Ein kerzengerader, weißhaariger Mann am Gehstock betritt das Zimmer. Kaum zu glauben: Vor uns steht der älteste Deutsche. Gerade hat er seinen 107. Geburtstag hinter sich. Niemand würde ihn auf dieses wahrhaft biblische Alter schätzen. Diese Haltung, diese Frische, diese geistige Wachheit. 107 Jahre! Die Presse hat groß berichtet. Die vielen Glückwunsch-Schreiben liegen noch auf dem Tisch.

Jetzt möchte ich mit diesem greisen Professor ein Interview machen. Als ich zaghaft frage, ob ihn das ganze technische Brimborium nicht störe, winkt er ab: »Wer die 105 überschritten hat, der hat Fernseherfahrung.« Humor hat er also auch noch.

Es ist schon ein eigenartiges Gefühl, jemandem gegenüber zu sitzen, der im dritten Drittel des vorigen Jahrhunderts geboren ist. Bismarck? »Als der starb, war ich gerade 18 geworden. Natürlich kann ich mich an den noch erinnern. Ich weiß noch, wie die Zeitungen über seinen Rücktritt 1890 berichteten.« Aufgewachsen in Berlin habe er doch sicher auch den Kaiser gesehen. »Selbstverständlich. Welchen denn?« Klar, beim Tod des Ersten Wilhelm war er ja schon sieben.

Und dann sprudelt es nur so. Wilhelm II. habe er noch 1920 im niederländischen Exil Doorn besucht. Ach ja, der Erste Weltkrieg, die Weimarer Republik, die Schrecken des Dritten Reiches, der Wiederaufbau... Ein lebendes Geschichtsbuch sitzt mir gegenüber. Unser Kamerateam spürt: So etwas erlebt man nicht alle Tage. Ein seltener Höhepunkt im journalistischen Alltagsgeschäft.

Aber schnell sind wir bei der Gegenwart. »Jetzt schreibe ich gerade meine dritte Doktorarbeit. Ich bin schließlich der älteste Doktorand der Welt«, meint der Professor mit sichtlichem Stolz. 107 Jahre und wissenschaftliche Studien?! Das Zimmer ist voll von Diplomen und Ehrenurkunden. Raketen, Mondbilder, Astronauten überall. Der greise Gelehrte ist der Begründer des Weltraumrechts. In aller Welt gelten seine Arbeiten als Standardwerke. »Durch Wernher von Braun bin ich darauf gekommen. Als Jura-Professor lernte ich ihn kennen und hörte ihn über das Weltall schwärmen. Da habe ich gedacht: Das wäre doch noch eine Aufgabe für dich. Schließlich war ich da schon längst pensioniert.« Und dann habe er Wernher von Braun noch mit auf den Weg gegeben: »Junger Mann, aus Ihnen wird noch was...«.

Ob ich denn wissen will, was ihn am Weltraumforscher Wernher von Braun und am Mondfahrer James Irwin am meisten beeindruckt habe? Ich bin gespannt. Und ich bin tief bewegt, als er sagt: »Beide sind bekennende Christen. Sie wissen, daß technischer Fortschritt und wissenschaftlicher Ruhm nicht alles sind. Daß Gott existiert und wir ihm unser Leben anvertrauen können.« Der greise, lebenserfahrene 107jährige fügt hinzu: »Je mehr ich mich in das Weltall hineinforschte, desto größer wurde mir die Majestät Gottes. Und umso unbegreiflicher wurde mir die Tatsache, daß dieser ewige Gott sich um mich kleinen Menschen kümmert.«

Nun sind wir bei einem Thema, mit dem ich gar nicht gerechnet hatte. Da spricht ein Mann mit einzigartiger Lebenserfahrung über seinen Glauben. Über die Kraft und Gnade Gottes. Über die Barmherzigkeit des Herrn, der durch die Wirren eines ganzen Jahrhunderts seine schützende Hand über ihm gehalten hat. Als ich schließlich frage, wie er denn so alt geworden sei, antwortet er nicht mit den üblichen Standardfloskeln »Gesund leben, mäßig trinken, nicht rauchen« sondern: »Ja, ich habe das nicht gemacht. Das hat Gott mir geschenkt.« Und mit hintergründigem Humor fügt er hinzu: »Ich denke jetzt nicht daran, 108 Jahre alt zu werden. Ich denke daran, was Gott mit mir den Menschen zeigen will, die nach mir kommen...«.

Uns Journalisten hat dieser Nachmittag in der Wohnstube eines Altenheims viel gezeigt. Einen weisen alten Mann; fest gegründet im Glauben. Als unser technischer Assistent, der jüngste im Team, die Kamera ins Auto packt, meint er nachdenklich: »Ich hatte das Gefühl, als habe der alte Mann die ganze Zeit zu mir geredet. Der war nicht lebensmüde oder lebensüberdrüssig. Der war echt lebenssatt. Und das mit dem Glauben, das hat mich irgendwie berührt...«.

Einige Wochen später sitze ich im Flugzeug nach Singapur. Kurz vor der Zwischenlandung in Abu Dhabi lese ich in einer großen deutschen Sonntagszeitung. Unter der Rubrik »Personalien« steht diese Schlagzeile: »Ältester Deutscher gestorben.« 108 ist er also nicht mehr geworden. Aber er hat uns viel gezeigt. Ich schreibe es an seinen Sohn, selbst schon über 80.

Der greise Gelehrte hat das erfahren, was vielen Männern und Frauen der Bibel auch geschenkt wurde: Ein erfülltes Leben unter den Verheißungen Gottes. Ich denke an Abraham. Sein Lebensweg beginnt mit der Zusage Gottes: »Ich will dich segnen, und du sollst ein Segen sein.« Als Abraham stirbt, lautet seine Lebensbilanz: »Er starb in einem guten Alter, als er alt und lebenssatt war.« Ob man das über meinem Leben auch einmal sagen wird?

Wenn einer eine Reise tut

Singapur. Wir drei von der Zeltmission, Bärbel Wilde, Michael Höhn und ich, sind auf dem Weg zum Jugendkongreß »Christival« in Indonesien. 12.000 Kilometer liegen schon hinter uns. Zwischenstop hatten wir im arabischen Abu Dhabi. Jetzt müssen wir umsteigen, um nach Medan, unserer ersten »Christival«-Station auf Sumatra zu kommen. Wir haben zwei Stunden Verspätung. Der Anschlußflug ist gerade weg. Und unser Gepäck auch. Es ist in Athen gelandet.

Unfreiwilliger Aufenthalt in der pulsierenden Weltstadt Singapur. Hotel, Verpflegung, Taxifahrten - die Fluggesellschaft zahlt alles. Geschenkte Stunden auf der anderen Seite der Erdkugel. Singapur, unabhängige Republik im Britischen Commonwealth, ist nach Tokio der größte Verkehrs- und Handelshafen Asiens. Als Internationaler Flughafen und Stützpunkt der britischen Flotte von hoher strategischer Bedeutung. Aber was soll man machen, wenn man aus Mainz in die fernöstliche Millionen-Metropole kommt und sich nicht auskennt?

Wir stehen ratlos in der Halle des Flughafens. Das chinesische Personal ist rührend um unser fehlgeleitetes Gepäck besorgt. Morgen käme es von Athen direkt nach Medan. Während wir so dastehen, traue ich plötzlich meinen Augen nicht. Kaum zu glauben! »Was machst Du denn in Singapur?« Ein bekannter Regisseur, Kollege beim ZDF, steht vor uns. Ein unerwartetes Wiedersehen, 12.000 Kilometer vom Mainzer Lerchenberg entfernt.

Jetzt haben wir einen erfahrenen Stadtführer. Zu viert machen wir uns auf den Weg, die »Löwenstadt« (Singapur) zu erobern. Mein Kollege kennt sie wie seine Westentasche. An diesem Abend ist »Silvester«; morgen ist das chinesische Neujahrsfest. Wir fahren in den Stadtteil »Chinatown«. Der größte Bevölkerungsteil der Stadt sind die Chinesen. Alles ist bunt geschmückt. Lange Straßenzüge; rechts und links drängen sich die »fliegenden Händler«. Die Straßen sind für den Verkehr gesperrt. Es scheint, als sei ganz Singapur auf den Beinen.

Irgendwo finden wir einen Platz in einem der typischen Straßenrestaurants. Pause zum Durchatmen. Und einen Riesenhunger haben wir auch. Peking-Suppe, Ente in Ananas, Bambussprossen, Hühnchen sauer, Rindfleisch süß, Bananen in Honig... Was es nicht alles gibt! Und das mitten auf der Straße, während Tausende an uns vorbei drängen. Was erleben wir – unfreiwillig! – auf den ersten Stunden unserer Reise! Wer hätte das gedacht. Keine Koffer, kein »Christival«, kein Indonesien – aber einmalige Eindrücke. Wir erinnern uns an die Liedstrophe, die wir beim Abflug in Frankfurt im Losungsbuch gelesen haben: Gott sitzt im Regimente und führet alles wohl.

Luxushotel. Am nächsten Morgen üppiges Frühstück. Die Fluggesellschaft zahlt alles. Anruf am Singapur-Airport. Traurige Nachricht: Alle Flüge nach Medan sind überbucht. Die Asiaten wissen nichts von preußischer Ordnung. »Sie müssen erstmal nach Jakarta fliegen. Von dort kommen Sie am leichtesten nach Sumatra«, informiert der Beamte. Wenn einer eine Reise tut...

So beginnt unser erster Tag in Indonesien - wieder unfreiwillig - in der Hauptstadt des Inselreiches. Verlockend klingt es ja nicht gerade, was der berühmte Seekapitän James Cook von hier in sein Tagebuch schrieb. Unter dem 23. Dezember 1771 kann man lesen: »Batavia ist sicher kein Fleck, den zu besuchen Europäer sich drängen sollten.« Nun, wir drängen uns auch gar nicht. Uns hat der Flugplan hierher verschlagen. Wie Käpt'n Cook damals das Leck in seinem legendären Schiff »Endeavour«. Da starben Dutzende seiner Matrosen in der holländischen Kolonialmetropole an Ruhr und Malaria.

Das sind längst vergangene Zeiten. Heute, 200 Jahre später, erleben wir eine Hauptstadt von Weltformat. Das moderne Geschäftszentrum könnte in Europa sein. Vom alten Batavia der holländischen Kolonialzeit zeugt noch die Zugbrücke. Der Platz um das Stadthaus ist das letzte in sich geschlossene Stück vergangener Zeiten.

Mit zwei Tagen Verspätung landen wir in Medan, der Hauptstadt Sumatras. Es ist stockdunkel. Angestrahlt ist nur der Flughafen. Hafen ist gut. »Schlicht«, würde man bei uns sagen. Ein Riesengedränge in der »Halle«. Ob unsere Koffer aus Athen gekommen sind? Ob hier überhaupt etwas funktioniert? Europäische Maßstäbe wagt man gar nicht erst anzulegen. Unsere Gedanken werden sogleich beschämt: Ein freundlicher Beamter in korrekter Uniform kümmert sich um uns. Er begleitet uns zu einer Art Gepäckaufbewahrung. Alles muß eigens aufgeschlossen werden. Wir hatten die letzte Maschine. Der Mann stöbert in Notizbüchern und Aktenordnern. Immer freundlich lachend und gestikulierend. Er zieht mich in einen Raum, zeigt strahlend in eine schwach beleuchtete Ecke: »Mister, bitte, da Koffer!« Wir hätten ihn umarmen können!

Morgen früh fahren wir an die Universität. Die erste Station des Jugendkongresses »Christival«. Es wird bestimmt eine riesige Entdeckungsreise werden, diese Zeit in Indonesien. Die vergangenen zwei Tage waren es jedenfalls. Gott sei Lob und Dank für alles, was wir »unfreiwillig« erleben durften. Christoph Kolumbus, ein anderer Entdecker, sagte einmal: »Du, unser Herr, gewährst mir Beistand. Nach deinem Gefallen ist jedem Ding sein Zweck gesetzt. Du bist der Schutzherr. Tag und Nacht wollen wir dir danken in Demut.«

Schnüffelndes Schwein und lachender Hahn

Tropisch ist es in Medan, der Hauptstadt von Sumatra. Das feucht-heiße Klima macht einem zu schaffen. Schließlich sind wir im tiefsten Winter in Frankfurt losgeflogen. Jetzt geht es ins Karo-Hochland. Hier herrschen angenehme deutsche Sommertemperaturen. Die schlaglochreiche Straße ist gesäumt von einfachen Hütten. Man lebt vom Gemüse- und Reisanbau. Scharen von Kindern überall.

Die jungen Christen warten schon. Singend sitzen sie auf dem Rasen vor dem Freizeitzentrum der Karo-Batak-Kirche. Ein herzlicher Empfang. »Horas!« rufen sie uns zu. Herzlich Willkommen! Und singen können sie. Welche Stimmen! Welche Musikalität! Die Bataks sind »geborene« Sänger.

Bei den Melodien trauen wir unseren Ohren nicht: So nimm denn meine Hände; Schönster Herr Jesu; Ich bete an die Macht der Liebe... Die Komponisten und Dichter haben wohl kaum geahnt, daß ihre Lieder einmal mit stimmgewaltiger Inbrunst im fernen Sumatra geschmettert würden.

Hier weht Erweckungsluft. Nach siebzig Jahren mühsamer Missionsgeschichte gab es 1950 einen Aufbruch: Tausende im Karo-Hochland ließen sich taufen. Die Zahl der Karo-Batak-Christen steigerte sich um das 23fache. Zum Jugendkongreß »Christival« ist die »zweite Generation« gekommen. Begierig, zu hören und zu lernen. Denn die biblische Unterweisung konnte mit der rasanten Taufbewegung kaum Schritt halten.

An der Stirnwand hängt ein Transparent mit dem Christival-Motto: Jesus Kristus adalah jawaban – Jesus Christus ist die Antwort. Fragen haben die Jugendlichen genug mitgebracht. »Wir haben hier viele Probleme«, sagt ein Student, »aber wir wissen und glauben ganz fest, daß Jesus die Antwort ist.« Kindliches Gottvertrauen und ansteckende Glaubensfreude, das kann man lernen von den jungen Kirchen.

Unvergeßlich die Evangelisationen! Wir sprechen in kleinen Dörfern, mitten im Urwald. Nur mühsam sind sie auf abenteuerlichen Pisten zu erreichen: Lingga und Seberaya. Die »Halle« ist ein geflochtenes Dach auf Bambuspfählen. Der Stromgenerator macht mehr Krach als der Lautsprecher, der doch eigentlich durch ihn angetrieben werden soll.

Dicht gedrängt sitzen Junge und Alte, Frauen und Männer auf ihren mitgebrachten Bastmatten. Viele sind noch Animisten, den Totengeistern ihrer Ahnen verpflichtet. Sie kommen aus Neugierde oder zur Unterhaltung. Aber sie verschlingen das Evangelium. Jesus ist der Arzt, nicht der heidnische Medizinmann. Hier wird die biblische Botschaft als echte Befreiung von dämonischen Bindungen empfunden. Atemlose Stille.

Mir ist klar geworden: Diese Leute brauchen weder theologisches Geplänkel noch sozio-politische Ratschläge. Sie brauchen den, der rettet, heilt und befreit: Jesus Christus. Mit leuchtenden Kinderaugen hören sie die biblischen Geschichten. Sie nehmen Gottes Wort für bare Münze. Was können wir pseudo-intellektuellen Mitteleuropäer doch von ihnen lernen!

Kurz vor dem Gebet zur Lebensübergabe an Christus kommt noch ein ungebetener Gast, der hier allerdings niemanden erstaunt: Nach Hühnern und Hunden stolziert jetzt ein Schwein an der Kanzel vorbei. Es bleibt schnüffelnd stehen und trottet dann weiter. Europäische Schuhe müssen einen eigenartigen Geruch haben.

In seinen ergreifenden Dankesworten wiederholt der

Dorfbürgermeister nochmal die gesamte Predigt. Er hat sich alles genau gemerkt. Auch meinen Namen, der immer wieder Lachsalven hervorruft. Wer heißt schon in Indonesien »ajam jago« (= Hahn)?! Bis in die tiefe Nacht hinein wird gesungen. Hier gibt es keine Gottesdienste im Stundentakt.

Am nächsten Tag besuchen wir noch einmal das uralte Dorf Lingga. Man kann die Frühgeschichte Sumatras hautnah erleben. Geradezu steinzeitlich. Der junge, einigermaßen deutsch sprechende Touristenführer erkennt uns als die Evangelisten von gestern abend. »Hier wohnten vor Jahren die Animisten. Jetzt wohnt hier Jesus Christus«, meint er. Das für ihn lebenswichtige Trinkgeld lehnt er fast beleidigt ab: »Wir haben doch denselben Gott!«

Ich denke an Ludwig Nommensen. Er brachte den Funken für einen Flächenbrand der Erweckung in Indonesien. Er war dem Ruf Jesu gehorsam und ging vom Nordseestrand ins Batakland. 142 Tage dauerte damals allein die Schiffsreise nach Sumatra. Von einem Berg bei Tarutung hatte er einen herrlichen Blick auf das wunderbare Land.

Nommensen sah aber tiefer. Er sah das Heidentum, das auf Sumatra lastete. Und er sah weiter. Er hatte eine große Vision: Er sah beim Aufgang der Morgenröte, daß das Evangelium schon den gesamten Norden des Bataklandes erleuchtete. Überall standen Kirchen. Er hörte das Läuten der Glocken. Tausende strömten in die Gottesdienste.

Nommensen war fest entschlossen: Mein Leben gehört diesem Land. Und dieses Land gehört Jesus. Es begann der Siegeszug des Evangeliums. 56 Jahre arbeitete Nommensen in Indonesien. Am 23. Mai 1918 starb er in Singapur. An seinem Todestag hinterließ er folgende Statistik: 180.000 getaufte Christen, 510 Schulen, 34 Pfarrer, 788 Evangelisten, 2200 Gemeindeälteste. Heute ist die Batak-Kirche die größte protestantische Kirche in Südostasien. Und sie sendet Missionare in alle Welt.

In Sibolga am Indischen Ozean Begegnung mit dem Fernsehteam von »Panorama Indonesia«. Mit einem alten Fischerboot fahren wir aufs Meer. Überall kleine Inseln, weiße Sandstrände, Kokospalmen und stahlblauer Himmel. Wie im Bilderbuch. Im Interview fragt der indonesische Fernsehmann seinen deutschen Kollegen: »Was wollen Sie eigentlich hier auf Sumatra?« »Wir sind auf den Spuren Nommensens...« »O ja«, meint der Reporter, ein Mohammedaner, »ohne Nommensens Sozialarbeit wäre mein Großvater blind gewesen.« Und da sage mir einer, die Väter der Mission hätten »nur« gepredigt. Würden wir's lieber wieder tun!

Mit »Panorama Indonesia« beginnt das Sonntags-Fernsehprogramm. Zur Eröffnung erklingen täglich zwei Lieder: Die Nationalhymne und die Melodie »Herr, weil mich festhält deine starke Hand.« Evangelium in den Medien!

Ehrlich währt am längsten

Ein glühendheißer Sommertag. Wieder ein Stau. »Ob ich's wohl noch schaffe?« In sechs Stunden muß der Film »im Kasten« sein; gedreht, geschnitten, gesprochen und sendefertig. Und ich sitze im Auto und komme nicht vorwärts. Schlangen auf der Autobahn, Bummelverkehr auf der Landstraße. »Das Kamerateam wird bestimmt schon da sein und die ersten Aufnahmen machen...«

Pustekuchen! Kein ZDF-Wagen weit und breit, als ich auf den Bauernhof im Oberhessischen komme. Das dürfte dann wohl das Ende meiner Filmaufnahmen sein. Viel Aufwand für nichts. Die ganze Vorarbeit umsonst. Ich bin enttäuscht, sauer, schlecht gelaunt.

Ein einsames Auto steht auf dem Hof. Direkt vor dem Scheunentor. Der Wagen des Bauern. Und da lese ich doch tatsächlich auf der Heckscheibe, in großen Buchstaben geschrieben: »Jesus Christus - die Hoffnung für Dich!« Schlagartig verfliegt die trübe Stimmung. Dieses Wort in dieser Situation: Ein echter Mut- und Muntermacher. Wer hätte das gedacht!

Die Landwirtsfamilie begrüßt mich herzlich. Nein, das Kamerateam sei noch nicht da. Aber wir können ja erstmal über den Inhalt des Kurzfilms reden. Er soll schon am Abend in den Nachrichten gesendet werden. Thema: Ein neuer Hormonskandal in der Kälbermast.

Ganze Mästereien wurden von der Polizei geschlossen, Landwirte verhaftet und Kälber aus dem Verkehr gezogen. Kalbfleisch wird in den Metzgereien zum Ladenhüter. Der Siegeszug der Chemie in der Landwirtschaft fordert seine Opfer. Da bleiben auch Bauern auf der Strecke, die eigentlich eine weiße Weste haben.

Nur »mein« Bauer ist da eine Ausnahme. Jahrelang hat man ihn ausgelacht: »Der spinnerte Öko-Bauer«. Und als er dann aus Mist Energie erzeugte, war es ganz aus: »Bio-Gas-Bauer«. Aber bekanntlich lacht der am besten, der zuletzt lacht.

Jetzt stehen sie Schlange vor dem oberhessischen Bauernhof, die Metzger und Gastwirte, die Fleischfabriken und Supermärkte. Hier gibt's die letzten echt glücklichen Kühe, die auf der Wiese weiden und deren Futter ohne chemische Zusätze ist. Kunden kommen selbst aus München.

Nur meine Kameraleute kommen nicht. Und ohne die bin ich aufgeschmissen. So bleibt noch Zeit für einen Blick ins Wohnzimmer. Ich sei doch der... Die Bäurin deutet auf das Bücherregal: »Hahnes Gesammelte Werke«. Wir haben dieselbe Wellenlänge. Da können wir auch beten, daß alles recht wird.

Es ist nicht das erste Mal, daß ich auf die gleiche »Blutgruppe« stoße. Ich denke wieder an den 107jährigen, den ich interviewte. Oder die rußlanddeutsche Aussiedlerfamilie, deren neue Heimat ich filmte. Als ich sie bat, für den Film ein Lied zur Gitarre zu singen, da traute ich meinen Ohren nicht. Auf russisch sangen die Eltern mit ihren acht Kindern: »Jesu Name nie verklinget...« Die Kameraleute waren tief bewegt. Es sind einfach wunderbare Führungen, die man im Alltag erlebt.

Endlich das erlösende Geräusch von draußen. Der ZDF-Wagen ist da. Trotz Hitze und Hektik, trotz Stau und Streß sind die Kollegen hochmotiviert. Wir müssen das jetzt alles schnell über die Bühne bringen. Der Stall wird ausgeleuchtet. Die Bäurin muß Futter rühren – es soll ja echt aussehen. Der Bauer ganz locker mit der Heugabel. »Bitte die dritte Kuh von links in Großaufnahme. Die guckt so goldig...«.

Der erste Filmanfang mißlingt. Also nochmal von

vorn: Bäurin rührt, Bauer ganz locker, goldige Kuh im Großformat, Bäurin füttert - - aber das Vieh will nicht fressen, ist satt - - trotz ZDF. Es ist zum Verzweifeln. Die Zeit drängt. Dann heißt es endlich: »Stall im Kasten!«

Jetzt noch ein Interview mit dem Bauern. Er berichtet, wie er vor 20 Jahren den Hof übernahm und ein eigenes Konzept entwickelte: Kälber- und Rindermast ohne chemische »Hilfe«. Wie er Sturm gelaufen ist bei Behörden und Verbänden. Prozesse, Verleumdungen, Verachtung durch Kollegen.

»Warum haben Sie das jahrelang ertragen und sind nicht auf die übliche Mast-Methode umgestiegen?« »Ich bin überzeugter Christ. Ich kann doch meinen Nächsten nicht mit schlechtem Fleisch voller Östrogene und sonstiger Hormone vergiften.« Geduld und Ehrlichkeit zahlen sich aus. Schon wieder ein Kunde. Ein Metzger fährt mit seinem Viehtransporter vor.

Und ich fahre weg. Richtung Kassel. Während das Team in Ruhe zusammenpackt, rase ich ins nächstgelegene Studio. Noch zwei Stunden bis zur Sendung in Mainz. Bis dahin muß alles fertig sein. Sonst war die Mühe umsonst. Für jede grüne Ampel bin ich dankbar. Jetzt, am Abend, ist nicht mehr viel los auf den Straßen. Endlich in Kassel. Das Filmmaterial sichten, schneiden, texten, sprechen... Geschafft!

Jetzt zur Überspielung ins Studio des Hessischen Rundfunks am anderen Ende der Stadt. Das muß noch zu schaffen sein. Wenn da die Baustelle nicht wäre... Ratlos bleibe ich stehen. Nun stimmt an der Wegbeschreibung nichts mehr. Da hält neben mir die Polizei. Die Rettung! Ich muß wohl ziemlich verzweifelt ausgesehen haben. Denn ohne großes Palaver eskortiert mich die Polizei zum Studio.

Der Pförtner reißt die Wagentür auf. Ein Techniker reißt mir die Filmkassette aus der Hand: »Herr Hahne, Sie haben noch 30 Sekunden. In Mainz läuft bereits die Ansage.« Im Foyer, vor dem Fernsehapparat, spendiere ich den Beamten eine Cola. Das ZDF überträgt einen Beitrag aus dem Oberhessischen. Einer der Polizisten meint: »Da muß ich mal unseren Metzger fragen, woher der sein Fleisch bezieht.« Und der andere murmelt: »Siehste, ehrlich währt am längsten.«

Wunder gibt es immer wieder

»Am besten, Sie setzen sich an Tisch Nummer sechs.« Der Leiter der IVCG-Gruppe verteilt die Gäste in dem festlich geschmückten Bankettsaal. Ich schätze und unterstütze die Arbeit der Internationalen Vereinigung Christlicher Geschäftsleute (IVCG). Gruppen gibt es in über 60 Städten des deutschsprachigen Europa. Eingeladen werden »Menschen in Verantwortung« aus Politik und Wirtschaft, aus Wissenschaft und Geschäftswelt.

Zweimonatlich findet in einem guten Hotel ein Treffen statt. Es gibt dann einen Vortrag mit einem aktuellen, biblisch bezogenen Thema. Beim anschließenden Essen kann an den Tischen über das Gehörte diskutiert werden. Wie viele Wunder echter Bekehrungen haben wir dort schon erlebt! Menschen, die oft von den Kirchen nicht mehr erreicht werden, begegnen der Botschaft des Evangeliums.

Nach Vorbesprechung und Gebet der Mitarbeiter frage ich den Leiter: »Kennen Sie eigentlich die Gäste an meinem Tisch?« »Nein, es sind alles Leute, die zum erstenmal da sind.« Ich bin gespannt. Es ist immer wieder eine Freude, Menschen kennenzulernen, die in oft hoher Berufsstellung nach den zentralen Dingen des Lebens fragen.

Es bleibt nur wenig Zeit zum Plaudern. Alle sind pünktlich gekommen. Gleich bin ich mit dem Vortrag dran. Der festliche Saal ist in Kerzenlicht getaucht; die Tische mit Liebe und Phantasie gedeckt. Eine gute Atmosphäre ist so wichtig! Mehr als 200 Gäste sind gekommen. Das Thema zieht: »Etwas Festes muß der Mensch haben...«.

Freundlicher Applaus. Dann geht es zu wie in einem

Bienenschwarm. Völlig fremde Leute kommen sich näher im Gespräch über die Sinnfrage des Lebens. Das ist das Geheimnis dieser Abende: Das konzentriert-ernsthafte Gespräch in fröhlich-zwangloser Atmosphäre. Das Essen wird serviert. Und ich bin neugierig, wer die Dame und der Herr rechts und links von mir sind.

Ich kann ja ganz frei heraus fragen, weil meine Daten auf den Einladungskarten stehen. Die Dame rechts von mir stellt sich als Chemikerin vor. Die elegant gekleidete Frau bekleidet einen hohen Posten in einem großen Konzern. »Ich bin zum zweitenmal bei der IVCG. Das erstemal war ich zu einem Treffen in meiner Heimatstadt.«

Wie sie denn zur IVCG gekommen sei, will ich wissen. »Ja, das war ein eigentümlicher Weg. Eine Kette von Führungen und Fügungen. Ich hatte große Probleme. Die Scheidung lief, beruflich taten sich Schwierigkeiten auf, irgendwie schien alles sinnlos. Zur Ablenkung besuchte ich die Modemesse. Ein schönes Kleid wäre jetzt nicht schlecht. Und das Aussuchen bringt mich bestimmt auf andere Gedanken. Es war nicht viel los am Messestand. Ich nahm mir Zeit und kam mit der Verkäuferin ins Gespräch. Ich war froh, daß mir mal jemand zuhörte. Wir redeten sehr offen miteinander. Ich sagte ihr, daß ich am Ende sei und nicht weiterwisse.

In Hörweite, in einer Ecke des Messestandes, saß ein Mannequin. Sie hatte gerade Pause und trank eine Tasse Kaffee. Mir war es gar nicht recht, daß sie alles mithörte. Irgendwie fand ich das störend. Und dann mischte sie sich auch noch in unser Gespräch ein: ›Mir ging es letztes Jahr ähnlich wie Ihnen. Da hat mich mein Chef, Besitzer eines großen Modehauses, angesprochen. Er hat mich zu einem Abend der IVCG mitgenommen. Ob Sie's glauben oder nicht: Da habe ich Antwort auf meine Fragen bekommen. Ich habe mich einem Kreis von Christen angeschlossen, die Bibel gelesen und Jesus Christus kennengelernt. Seither ist alles in meinem Leben anders geworden. Wissen Sie was: Sie müssen auch einmal an einem solchen Vortragsabend teilnehmen!‹ -

Und das habe ich gemacht!« sagt die Dame neben mir freudestrahlend. »Es sprach ein Berufskollege von mir. Das hat mich umgehauen: Ein angesehener Chemiker redet so offen über seinen Glauben, so einfach und unkompliziert. Ich hatte ein langes Gespräch mit ihm und habe einen Neuanfang mit Jesus Christus gemacht.

Stellen Sie sich vor, Herr Hahne: Ein Gang zur Modemesse war der Anfang. Ein stark geschminktes, ›unhöflich‹ mithörendes Mannequin war der Wegweiser. Und der Vortrag eines Berufskollegen war der Anstoß zum Glauben. Das können doch keine Zufälle sein! Ist das nicht ein echtes Wunder«, fragt mich die Wissenschaftlerin zum Schluß. Ja, es stimmt: Wunder gibt es immer wieder.

An unserem Tisch wird rege diskutiert. Nur der Mann zu meiner Linken ist sehr still. Als die anderen wieder ins Gespräch vertieft sind, wendet er sich mir zu: »Ich bin extra mit meiner Frau und meinem Mitinhaber aus Hamburg hergeflogen. Von einem Firmenkollegen habe ich von diesem Abend gehört. Es war purer Zufall, daß er mir vor ein paar Tagen am Telefon davon erzählte. Da haben wir uns gesagt: Wir müssen hin; koste es, was es wolle.«

Und dann berichtet mir der Mann offen über sein Leben: »Vor einem halben Jahr war ich am Ende. Seelisch kaputt spielte ich mit Selbstmordgedanken. Meiner Firma ging es sehr gut. Eigentlich stand ich auf der Sonnenseite des Erfolges. Alles klappte. Aber je mehr Erfolg ich hatte, desto größer wurde die innere Leere. Ich wollte alles hinschmeißen. Meine Frau wußte von alledem nichts.

Abends beim Fernsehen sagte sie plötzlich zu mir: ›Du, von dem Peter Hahne da habe ich ein Buch. Sonja hat es aus ihrer frommen Jugendgruppe mitgebracht und ist ganz begeistert.‹ Dann las ich vor dem Schlafengehen in dem Buch meiner Tochter. »Was ist mein Leben wert?«, dieses Thema faszinierte mich*. Ich las Seite um Seite. Als wäre es nur für mich geschrieben... Ja, und jetzt sind wir hier und sitzen neben Ihnen.«

Er verspricht mir fest, ein befreundetes Ehepaar in Hamburg aufzusuchen. Da weiß ich ihn in guten Händen. Als er mir nach Wochen von seinem neuen Leben mit Jesus Christus schreibt, kommen mir vor Freude die Tränen. Das war Maßarbeit Gottes.

Ja, Wunder gibt es immer wieder. Und wer hätte das gedacht, als ich mich zu den fremden Leuten an den Tisch Nummer sechs setzte?!

* Peter Hahne, Was ist mein Leben wert?, Hänssler-Verlag, Neuhausen-Stuttgart.

Auf einem Bein zu Jesus

Es ist 10 Uhr. Die Glocken läuten. Friedlich liegt es da, das verträumte Dörfchen Serrahn am Krakower See. Nur ein paar Häuser rings um die alte Kirche. Aber hier ist heute morgen etwas los! »Trabis« und Wartburgs, Fahrrad- und Mofa-Kolonnen aus allen Richtungen. Serrahn gilt als pietistisches Erweckungszentrum mitten in Mecklenburg.

Mit dem Umbau des kleinen Pfarrhauses hat alles begonnen. Jetzt sind immer mehr Häuser hinzugekommen: Das Therapiezentrum für Alkoholabhängige, getragen von der AGAS (Arbeitsgemeinschaft zur Abwehr der Suchtgefahren). Sozusagen eine DDR-Parallele zum Blauen Kreuz. Die Wohngemeinschaften wirken Wunder: Etliche von staatlicher Therapie aufgegebene Trinker konnten in Serrahn gerettet werden.

Viele von ihnen sind gekommen. Mit Familien, Freunden und Neugierigen. Heute ist das traditionelle Jahresfest. Die Kirche ist proppenvoll. Auch das Zelt mit Video-Übertragung ist überfüllt. Hunderte stehen draußen. Das kann man in der DDR erleben: Stundenlanges Zuhören, Singen und Beten. Und alles in einer wunderbaren, familiären Atmosphäre.

Mittags treffen wir uns bei herrlichem Sonnenschein unter der Linde. Es gibt Bockwurst und Kaffee. Und viele, viele Hände zu schütteln. »Wir kennen Sie vom Fernsehen. Wie schön, daß Sie zu uns gehören. Unsere Kinder sehen Sie in ›logo‹...« Immer wieder werde ich auf meine Bücher angesprochen. Wer hätte das gedacht, daß so viele in der DDR kursieren. So einfach ist es ja nicht, sie über die Grenze zu bekommen. Ich habe einen ganzen Kofferraum voll mitgebracht. Der Grenzer staunte nicht schlecht: »Wat, det is allet selbstjeschrieben?«

Mit einem jungen Mann komme ich ins Gespräch. Er ist Physiker. Per Anhalter ist er 700 Kilometer aus dem Erzgebirge angereist. Er weint, als er folgendes erzählt: Atheistische Eltern, Vater führender Parteifunktionär, der Bruder schwer herzkrank. Nur die renommierte Berliner Charité kann helfen. Endlich wird dort ein Bett frei. Der Bruder weiß, daß seine Chancen schlecht stehen. Die Operationsmethoden sind veraltet; eine Verlegung in den Westen wäre die Rettung. Aber die Verhältnisse lassen das nicht zu.

Eine Krankenschwester steckt dem jungen Patienten mein Buch »Wir haben Zukunft!«* zu. Heimlich und diskret. Er liest, widerwillig. Für Christliches hat er keine Antenne. Aber was tut man nicht alles, um Unruhe und Langeweile zu vertreiben. Die letzten drei Buchseiten lassen ihn nicht zur Ruhe kommen. Sie scheinen für ihn geschrieben zu sein. Er redet mit der Schwester. Er findet zu Jesus.

Am Operationstag kommt die Familie in die Charité. Es geht ja um alles. Vor der Narkose bittet der Junge seine völlig verdutzte Familie beschwörend: »Ihr müßt mir versprechen, daß auch ihr Christen werdet. Auch wenn ich nach der Operation nicht mehr aufwache.« Als der junge Mann tot aus dem OP herausgerollt wird, weinen selbst Ärzte und Schwestern: Solch eine innere Wandlung hatten sie bei einem Patienten noch nie erlebt.

Und ich habe selten einen solchen Glaubens- und Bekennermut erlebt wie bei den jungen Christen der DDR. Sie sehen ihren Platz in ihrer Heimat. In einer Diskus-

* Peter Hahne, Wir haben Zukunft!, Hänssler-Verlag, Neuhausen-Stuttgart.

sionsrunde sage ich: Die biblische Weisung »Suchet der Stadt Bestes« fordert nicht die Flucht aus, sondern das Bleiben in der Verantwortung. Dennoch sollten wir »Westler« nicht billige Ratgeber sein.

Als die Glocken von Serrahn verstummen, hören wir zunächst ein Zeugnis. Das werde ich nie vergessen. Ein ehemaliger Alkoholiker berichtet. Er ist noch ganz von seiner schrecklichen Vergangenheit gezeichnet. Nur Haut und Knochen. Ein gesundes Bein. Das andere ist eine Prothese. Ein Wrack steht vor uns. Aber die glänzenden Augen! Welch ein Leuchten!

Seine Geschichte ist erschütternd: Delirien, Beinamputation, zerstörte Familie, Selbstmordversuche, Todesnähe... Und dann das Wunder der Rettung durch Jesus Christus. Ein neues Leben mit Sinn; und Freude auch ohne Alkohol. Und dann kommt der Satz, den ich mein Lebtag nicht vergessen werde. Da steht ein Mann, dessen Körper vom Alkohol ruiniert ist. Ein Bein hat ihn die Sauferei gekostet. Und jetzt bekennt er mit zitternder Stimme und einem Strahlen im Gesicht: »Lieber auf einem Bein fröhlich zu Jesus gehen, als auf zwei Beinen besoffen in die Hölle zu rennen.« Ja, Gott ist zwar kein Wunderautomat. Aber wir dürfen ihm Wunder zutrauen.

hänssler

Peter Hahne

Leid – Warum läßt Gott das zu?

Tb., 64 S., Nr. 70.518
ISBN 3-7751-1240-5

Leid – ein Thema, das die Menschheit über Jahrhunderte hinweg beschäftigt und noch immer als unbewältigt gilt. Resignation, Auflehnung, Anklage sind die häufigsten Reaktionen gegen diesen oft unsichtbaren Feind, den es in nahezu ohnmächtiger Verzweiflung zu bekämpfen gilt. Der Autor dieses Buches wagt es hingegen, dem Leid einen Sinn zu geben. Sachlichkeit und Feingefühl sind kennzeichnend bei seinen Ausführungen, Gott von der Anklagebank auf den »Erlöserstuhl« zu setzen.

Peter Hahne

Er stellt meine Füße auf weiten Raum

Gb., 48 S., 18 Farbfotos, Nr. 79.502
ISBN 3-7751-1255-3

Ein besonderer Bildband – ein Buch zum Immer-wieder-selber-Betrachten und ein ideales Geschenk zu jeder Gelegenheit. Brillante Bilder, mutmachende Texte. Es geht um Geborgenheit und Alleinsein, um Dankbarkeit und Geduld. »Mut zum Beruf« wird genauso angesprochen, wie »Die Kunst sorglos zu leben«. Das Motto des ZDF-Journalisten Peter Hahne: »Gott gibt Lebensqualität. Denn er ist der Herr des Lebens. Er stellt meine Füße auf weiten Raum.«

Bitte fragen Sie in Ihrer Buchhandlung nach diesen Büchern! Oder schreiben Sie an den Hänssler-Verlag, Postfach 12 20, 7303 Neuhausen-Stuttgart.

hänssler

Heinz-Ulrich Carl

Plötzlich und unerwartet

Erinnerungen an Andreas, der viel zu früh von uns ging

Pb., 100 S., Nr. 56.686, DM 14,80
ISBN 3-7751-1449-1

Ein tödlicher Unfall. Und dann? Das Leben geht weiter, obwohl für die Betroffenen – oft für Jahre – die Zeit stehen bleibt. Mit großer Offenheit schildert Familie Carl den harten Kampf vom ohnmächtigen Schmerz bis zum langsamen Akzeptieren der neuen Realität nach dem Tod ihres Sohnes. Ein authentischer Bericht aus dem Tagebuch einer Familie, die ihr Kind durch einen tragischen Unfall verlor.

Elisabeth Motschmann

Ich aber will mich freuen

Gb., 48 S., 16,5 × 21 cm, Nr. 79.507, DM 14,80
ISBN 3-7751-1418-1

Angst und Freude – beides sind Wirklichkeiten unserer Existenz. Doch die Freude kann überwiegen, trotz der Angst vor Abhängigkeit, um den Mann, vor der Mutterschaft, um die Kinder, nicht allen gerecht zu werden, zu versagen und trotz der Angst vor dem Alter. Wie – das verdeutlicht Elisabeth Motschmann in diesem mit viel Liebe zusammengestellten Band. Ein Bildband für Frauen – persönlich, positiv, mutmachend.

Bitte fragen Sie in Ihrer Buchhandlung nach diesen Büchern! Oder schreiben Sie an den Hänssler-Verlag, Postfach 12 20, 7303 Neuhausen-Stuttgart.

hänssler

Peter Hahne

Was ist mein Leben wert?

Tb., 64 S., Nr. 70.712, DM 2,80
ISBN 3-7751-0500-X

»Was ist mein Leben wert? Wer bin ich eigentlich?« Ist die erschreckende Antwort auf diese Frage die hartnäckig zunehmende Selbstmordrate vor allem unter Jugendlichen? Der Autor, Peter Hahne, Redakteur beim ZDF, bietet in diesem Buch eine lohnenswerte Alternative, die sich nicht nur in theoretischen Philosophien erschöpft, sondern eine erfahrbare Wirklichkeit im Leben eines jeden einzelnen werden kann.

Peter Hahne

Kein Grund zur Resignation

Hilfen zum Christsein

Tb., 64 S., Nr. 75.043, DM 2,80
ISBN 3-7751-0814-9

Wissen Sie, daß die sechs großen »G's« unbedingt zu einem lebendigen Christsein mit dazu gehören? Glauben will gelernt sein, will trainiert sein, um entspannend und kreativ zugleich zu sein. Doch oft genug fühlen wir uns ausgelaugt und leer, wie nach einem gescheiterten Hürdenlauf und lassen uns resigniert zu Boden fallen. In diesem Buch finden Sie den neuen Startschuß, der Sie aus der Mattigkeit wieder hochreißen wird.

Bitte fragen Sie in Ihrer Buchhandlung nach diesen Büchern! Oder schreiben Sie an den Hänssler-Verlag, Postfach 1220, 7303 Neuhausen-Stuttgart.